❦❦❦❦❦ Ciné-Module ❦❦❦❦❦

JEAN DE FLORETTE

Un film de Claude Berri
1986

Anne-Christine Rice

Table des matières

Présentation du film 3
Carte d'identité du réalisateur 3
Carte d'identité des acteurs 3
L'heure de gloire..4

Préparation
    1. Vocabulaire..5
    2. Repères culturels 6
    3. Le contexte 7
    4. La bande-annonce..8

Conversation en classe
    Questions 10

Approfondissement
    Vocabulaire 14
        ▪   Enrichissez votre vocabulaire
        ▪   Jouez avec les mots
    I.   Réflexion – Essais 16
    II. Analyse de photos.. 19
    III. Analyse de citations..20
    IV. Sous-titres 21
    V. Analyse d'une scène : Les hommes au café
        A. Ecoutez... 22
        B. Observez... 23
        C. Cette scène dans l'histoire 23
        D. Langue.. 24
        E. Comparaison avec d'autres scènes 25
        F. Sketch.. 26
    VI. Lecture 26

Annexes
Vocabulaire du cinéma..29
Comment exprimer votre opinion 32

Table des matières

Présentation du film 1
Carte d'identité du réalisateur 1
Carte d'identité des acteurs 1
L'heure de gloire 2

Préparation
    Vocabulaire 4
    I.   Traduisez 5
    II.   Repères culturels 5
    III. Le contexte 7
    IV. La bande-annonce 9

Conversation en classe
    Questions 11

Approfondissement
    Vocabulaire 18
        ▪   Enrichissez votre vocabulaire
        ▪   Jouez avec les mots
    I.   Réflexion – Essais 21
    II.   Analyse de photos 27
    III. Analyse de citations 29
    IV. Sous-titres 31
    V.   Analyse d'une scène : Les hommes au café
        A. Ecoutez 33
        B. Observez 35
        C. Cette scène dans l'histoire 36
        D. Langue 37
        E. Comparaison avec d'autres scènes 39
        F. Sketch 40
    VI. Lecture 41

Annexes
Vocabulaire du cinéma 43
Comment exprimer votre opinion 46

PRÉPARATION

ABC Vocabulaire

Vocabulaire utile avant de voir le film:

Les noms:

un œillet: *a carnation*
un verger: *an orchard*
une source: *a spring*
un(e) héritier (-ère): *an heir*
un bossu: *a hunchback*
un nouveau-venu: *a newcomer*
une cucurbitacée: *a type of gourd*
une récolte: *a crop*

une sécheresse: *a drought*
un orage: *a thunderstorm*
une colline: *a hill*
un mulet: *a mule*
un puits: *a well*
un notaire: *a notary*
l'intrigue: *the plot*

Les verbes:

hériter: *to inherit*
boucher une source: *to block a spring*
faire pousser qqch: *to grow sth*
élever des lapins: *to breed rabbits*
faire peur à qq'un: *to frighten s.o.*
avoir des soucis: *to worry*

louer: *to rent*
avoir pitié de qq'un: *to pity s.o.*
s'enrichir: *to get rich*
creuser: *to dig*
pleurer: *to cry*
se taire: *to keep quiet*

Les adjectifs:

sec (sèche): *dry*
pluvieux (-euse): *rainy*
fertile: *fertile*
travailleur (-euse): *hard-working*
confiant(e): *confident*
obstiné(e): *stubborn*
fier (-ère): *proud*
calculateur (-trice): *calculating*
cupide: *greedy*

implacable: *unrelenting*
coupable: *guilty*
sensible: *sensitive*
rusé(e): *shrewd*
bête: *stupid*
influençable: *susceptible to influence*
émouvant(e): *moving*
passionnant(e): *gripping (story)*

I. Traduisez!

1. Who is the newcomer? He is a hard-working and confident hunchback.

_____

_____

2. I know how to get rich: I will grow carnations and I will breed rabbits.

_____

_____

3. We haven't had a single thunderstorm since June. If only we had a spring and a large well!

_____

_____

4. The old man is calculating and greedy, and the young one is stupid but sensitive.

_____

_____

II. Repères culturels

1. Le film est basé sur un roman de Marcel Pagnol. Qui était Pagnol? Pourquoi était-il connu? Qu'est-ce que *L'eau des collines*?

_____

_____

_____

_____

2. Le film se passe en Provence. Pouvez-vous répondre aux questions suivantes sur la Provence?

   a. Où se situe-t-elle?

_____

_____

b. Quelles en sont les villes principales?

_____

_____

c. Comment est le climat?

_____

_____

d. Quelles sont les principales cultures?

_____

_____

e. Pouvez-vous nommer d'autres écrivains célèbres de Provence?

_____

_____

3. Cherchez la définition exacte (pas la traduction) du mot "source" dans le dictionnaire.

_____

_____

4. Les villageois dans le film jouent à la pétanque. Quel est ce jeu? Où et comment est-il joué?

_____

_____

_____

III. Le contexte

Réfléchissez au lieu et à l'époque pour mieux comprendre l'histoire et les personnages du film. A votre avis, en 1920, en Provence...

1. Les gens faisaient-ils des études ? Etait-ce nécessaire ?

   _____

   _____

   _____

   _____

2. Les villageois sortaient-ils souvent de leur village ? Dans quelles circonstances ?

   _____

   _____

   _____

   _____

3. Les gens avaient-ils des voitures ? Comment se déplaçaient-ils ?

   _____

   _____

   _____

   _____

4. Quel était l'état des routes ?

   _____

   _____

   _____

   _____

5. Les maisons étaient-elles confortables ? Avaient-elles l'eau, l'électricité ?

   _____

   _____

   _____

   _____

6. Les gens mangeaient-ils comme aujourd'hui ? Qu'est-ce qui était différent ?

_____

_____

_____

_____

7. Comment étaient-ils habillés ? Avaient-ils beaucoup de vêtements ?

_____

_____

_____

_____

8. Comment communiquaient-ils avec leurs proches (famille et amis) qui n'habitaient pas dans le même village ?

_____

_____

_____

_____

9. Avaient-ils une vie sociale ? A quels moments de la journée les gens se parlaient-ils ? Dans quelles circonstances s'amusaient-ils ?

_____

_____

_____

_____

10. La messe du dimanche était-elle importante ? Pour quelles raisons ?

_____

_____

_____

_____

IV. Bande-annonce

1. Ecoutez les premières notes de musique. Quelle impression donnent-elles ?

   _____

   _____

   _____

2. Qui voit-on sur la toute première image ? Que font-ils ?

   _____

   _____

   _____

3. Que voit-on de la campagne ?

   _____

   _____

   _____

4. Quel temps fait-il dans ces extraits ?

   _____

   _____

   _____

5. Que comprend-on sur les personnages ? Qui sont-ils ? Que font-ils ? Qui sont les bons et les méchants ?

   _____

   _____

   _____

6. Quel est le ton général de la bande-annonce ?

   _____

   _____

   _____

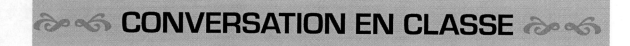

1. Les personnages: César Soubeyran = le Papet (Yves Montand)
                                  Ugolin (Daniel Auteuil)
                                  Jean Cadoret = Jean de Florette (Gérard Depardieu)
                                  Aimée (Elisabeth Depardieu)
                                  Manon

2. Est-ce qu'Ugolin reste chez le Papet pour discuter quand il le retrouve au début du film? Pourquoi?

_____

_____

_____

3. Comparez la maison du Papet et celle d'Ugolin. Où Ugolin vivra-t-il quand le Papet sera mort ?

_____

_____

_____

4. Quel projet professionnel le Papet a-t-il pour Ugolin?

_____

_____

_____

5. Est-ce qu'Ugolin veut dire son idée au Papet?

_____

_____

_____

6. Comment le Papet réagit-il en voyant les œillets d'Ugolin? Qu'est-ce qui le fait changer d'avis?

_____

_____

_____

7. Quel est le premier projet du Papet et d'Ugolin pour obtenir l'eau nécessaire à la culture des œillets? Leur projet réussit-il? Que se passe-t-il?

_____

_____

_____

8. Qui hérite de cette maison?

_____

_____

_____

9. A votre avis, quels sont (et quels ont été) les sentiments du Papet pour Florette? Sont-ils restés en contact? Cette liaison le rend-il plus ou moins sympathique à nos yeux?

_____

_____

_____

10. Quelle est la définition du bonheur d'après Jean?

_____

_____

_____

11. Jean dit qu'il veut «cultiver l'authentique». Qu'est-ce qu'il veut dire? Est-ce qu'Ugolin comprend?

_____

_____

_____

12. Pourquoi le Papet et Ugolin ne veulent pas dire au village que Jean est le fils de
    Florette? Est-ce que la famille Soubeyran est aimée au village? Pourquoi à votre avis?

    _____

    _____

    _____

13. Quel est le grand projet de Jean?

    _____

    _____

    _____

14. Pourquoi Aimée n'aime-t-elle pas Ugolin?

    _____

    _____

    _____

15. Comment Jean et sa famille sont-ils traités au village?

    _____

    _____

    _____

16. Qui est la dame italienne? Que fait-elle avec Manon? La revoit-on après?

    _____

    _____

    _____

17. Quelle est la personnalité de Manon?

    _____

    _____

    _____

18. Comment vont les projets de Jean au début?

_____

_____

_____

19. Que pressent-on quand le Papet dit: «S'il pleut le jour de l'Ascension, tout s'en va en perdition»?

_____

_____

_____

20. Comment le Papet réagit-il quand il voit la première récolte de Jean?

_____

_____

_____

21. Pourquoi Jean commence-t-il à boire?

_____

_____

_____

22. Quelles sont les hésitations d'Ugolin à propos du mulet? A-t-il envie de le louer à Jean? Quelle est l'opinion du Papet?

_____

_____

_____

23. Comment réagit Aimée quand Jean annonce son projet de construire un puits?

_____

_____

_____

24. Comment Jean meurt-il?

_____

_____

_____

25. Pourquoi Ugolin pleure-t-il?

_____

_____

_____

26. Qui Manon regarde-t-elle avec insistance à la mort de son père?

_____

_____

_____

27. Qu'est-ce que Manon observe à la fin? Pourquoi part-elle en criant et en pleurant? Qu'a-t-elle compris?

_____

_____

_____

28. A la fin, le Papet baptise Ugolin «Roi des œillets». Pensez-vous qu'Ugolin va réussir dans sa culture d'œillets?

_____

_____

_____

29. Combien de temps se passe entre le début et la fin du film?

_____

_____

_____

APPROFONDISSEMENT

ABC Vocabulaire

Enrichissez votre vocabulaire !

L'agriculture:

une ferme: *a farm*

un(e) fermier (-ère): *a farmer*

un(e) paysan(ne): *a peasant*

un champ: *a field*

labourer: *to plow*

une charrue: *a plow*

un tracteur: *a tractor*

une graine: *a seed*

planter: *to plant*

un engrais: *a fertilizer*

le foin: *hay*

la paille: *straw*

la moisson: *the harvest*

la terre: *the soil*

une grange: *a barn*

les mauvaises herbes: *weeds*

L'eau:

arroser: *to water*

pleuvoir: *to rain*

la pluie: *the rain*

une averse: *a shower*

irriguer: *to irrigate*

un arrosoir: *a watering can*

une inondation: *a flood*

inonder: *to flood*

humide: *damp*

mouillé(e): *wet*

la mer: *the sea*

un océan: *an ocean*

un lac: *a lake*

un étang: *a pond*

une rivière: *a river*

un ruisseau: *a brook*

un torrent: *a mountain stream*

une cascade: *a waterfall*

Jouez avec les mots!

A. Trouvez l'intrus:

puits	source	charrue	ruisseau
mouillé	engrais	récolte	faire pousser
Marius	Ugolin	Fanny	César
cupide	héritier	calculateur	implacable
orage	pleuvoir	sécheresse	averse
tracteur	champ	labourer	cascade
bossu	verger	ferme	champ
Lyon	Marseille	Aix	Avignon

B. Complétez la phrase en choisissant l'expression qui convient.

1. Quand on n'a plus d'argent, on a
   a. des soucis
   b. une intrigue
   c. un verger

2. J'ai adoré ce film! Je l'ai trouvé
   a. confiant
   b. rusé
   c. passionnant

3. Pour cultiver des œillets, il faut de l'eau et
   a. une grange
   b. une bonne terre
   c. un verger

4. Je suis sûre que cet enfant réussira. Il est tellement
   a. émouvant
   b. travailleur
   c. influençable

5. Le ciel est très gris. Nous allons bientôt avoir
   a. une averse
   b. une cascade
   c. une inondation

6. Pour s'occuper des papiers d'héritage, on a besoin
    a. d'un héritier
    b. d'un coupable
    c. d'un notaire

7. Pour construire un puits, il faut
    a. pleurer
    b. creuser
    c. labourer

8. Connaissez-vous cet homme? Non, c'est
    a. un nouveau-venu
    b. un héritier
    c. une cucurbitacée

I. Réflexion - Essais

1. Ecrivez un paragraphe sur chacun des personnages principaux: Jean, Aimée, le Papet et Ugolin. Posez-vous les questions suivantes:
   - Quels sont leurs qualités et leurs défauts?
   - Sont-ils 100% bons ou 100% mauvais?
   - Eprouvez-vous de la sympathie ou de l'antipathie pour eux?
   - Votre opinion sur chacun d'eux a-t-elle évolué pendant le film?

Vous pouvez utiliser le vocabulaire suivant:
enthousiaste, cupide, traître, patient(e), naïf (naïve), sensible, influençable, bête, intelligent(e), obstiné(e), implacable, crédule, trop idéaliste, autoritaire, cynique, touchant(e), encourageant(e), perfide, pas réaliste, compatissant(e), impitoyable, bon cœur, travailleur(euse), trop confiant, vulnérable

Jean: _____

_____

_____

_____

_____

_____

Aimée: _____

_____

_____

_____

_____

_____

Le Papet: _____

_____

_____

_____

_____

_____

Ugolin: _____

_____

_____

_____

_____

_____

2. Quelles sont les motivations du Papet et d'Ugolin?

_____

_____

_____

_____

_____

_____

3. Qui est le pire? le Papet ou Ugolin? Justifiez votre réponse.

_____

_____

_____

_____

_____

_____

4. Analysez l'attitude des villageois. Que font-ils quand on les voit? De quoi parlent-ils? Quels sont leurs principes? Ont-ils l'esprit ouvert au modernisme?

_____

_____

_____

_____

_____

5. Qu'est-ce qui oppose Jean au village en général?

_____

_____

_____

_____

_____

_____

6. Qui est responsable de la mort de Jean ?

_____

_____

_____

_____

_____

7. Pourquoi est-ce important que Jean soit bossu? A quel point l'histoire aurait-elle été différente s'il n'avait pas eu cette bosse?

_____

_____

_____

_____

8. Donnez des exemples qui montrent que le Papet est très fier d'être un Soubeyran, et que la famille est très importante pour lui.

_____

_____

_____

_____

_____

_____

9. Où se situe-t-on en tant que spectateur? Voit-on les événements à travers un personnage de l'histoire, ou reste-t-on en dehors, comme un arbitre?

_____

_____

_____

_____

_____

_____

10. Pourquoi l'histoire est-elle si passionnante? (Pensez aux thèmes, à l'intrigue, et aux personnages.)

_____

_____

_____

_____

_____

_____

11. La musique est composée d'après «*La force du destin*» de Verdi. Qu'en pensez-vous? Vous plaît-elle? Trouvez-vous que le film aurait pu s'appeler «*La force du destin*»? Quel était le destin de Jean et de sa famille?

_____

_____

_____

_____

_____

12. Le film accorde une grande place aux paysages et à la nature. Que voit-on de la Provence? Qu'entend-on? Quel rôle la nature joue-t-elle dans l'histoire?

_____

_____

_____

_____

_____

13. Comparez la première et la dernière scène. A quel moment de la journée se passent-elles? Pourquoi? Comment la première scène introduit-elle les lieux? Quels personnages voit-on dans la première et la dernière scène? Qu'est-ce qui a changé entre les deux? Quelles expressions lit-on sur le visage des personnages à la fin?

_____

_____

_____

_____

_____

II. Analyse de photos

1. Où et à quel moment cette scène se passe-t-elle? Que demande Jean?

    _____

    _____

    _____

2. Comparez leur habillement.

    _____

    _____

    _____

3. Quelles expressions lisez-vous sur leur visage? Ont-ils l'air d'être amis?

    _____

    _____

    _____

1. Où sont le Papet et Ugolin ? Que voit-on dans le fond ?

    _____

    _____

    _____

2. Que viennent-ils de faire ?

    _____

    _____

    _____

3. Que fait le Papet ? Que ressentent-ils ?

    _____

    _____

    _____

III. Analyse de citations

Analysez les citations suivantes en les replaçant dans leur contexte:

1. Le Papet: "Qui aurait cru que Florette ferait un petit bossu?"

    _____

    _____

    _____

    _____

2. Ugolin: "Tu m'as demandé de devenir son ami, alors petit à petit, à force de boire le vin blanc et de l'appeler M. Jean, eh bien, il est devenu mon ami."

    _____

    _____

    _____

    _____

3. Un villageois: "Ça n'a jamais rien rapporté de s'occuper des affaires des autres":

    _____

    _____

    _____

    _____

⚷━ IV. Sous-titres

Comparez ce dialogue entre Jean et Ugolin et les sous-titres en anglais, puis répondez aux questions:

1	Vous vous demandez, cher voisin, pourquoi je suis venu m'installer ici.	*You're wondering why I decided to settle here.*
2	Ah ça oui, je me le demande!	*Yes I'm wondering!*
3	Eh bien parce que j'en suis arrivé à la conclusion irréfutable que le seul bonheur possible c'est d'être un homme de la Nature.	*It's because I've decided that my happiness lies in returning to nature.*
4	Je suis venu ici pour cultiver l'authentique.	*I'm here to cultivate the authentic!*
5	"lotantique"?	*the "othentic"?*
6	Oui, je veux manger les légumes de mon jardin, recueillir l'huile de mes oliviers, gober les œufs de mes poules, m'enivrer du vin de ma vigne.	*Yes, I want to eat vegetables from my garden, collect oil from my olive trees and eggs from my hens, and drink wine from my vineyard.*

a. 1ère réplique: pourquoi "cher voisin" n'est-il pas traduit?

_____

_____

_____

b. 3ème réplique: comparez "j'en suis arrivé à la conclusion irréfutable" et "I've decided". Pourquoi est-ce si court en anglais? Est-ce le même registre de langue?

_____

_____

_____

c. 3ème réplique: comparez "le seul bonheur possible" et "my happiness".

_____

_____

_____

d. 4ème réplique: "cultiver" et "cultivate" ont-ils le même sens?

_____

_____

_____

e. 5ème réplique: que pensez-vous du mot "othentic"? Est-ce bien choisi?

_____

_____

_____

f. 6ème réplique: comparez les verbes "recueillir", "gober" et "s'enivrer" à leur traduction ("collect" et "drink"). Lesquels sont courants? Lesquels sont poétiques?

_____

_____

_____

V. Analyse d'une scène : les hommes au café
(de 19 mn 13 sec à 21 mn 42 sec après le début)

A. Ecoutez

a. Qu'est-ce que les hommes viennent de faire ?

_____

_____

_____

b. Que font-ils maintenant ?

_____

_____

_____

c. Quel est le sujet de leur conversation ?

_____

_____

_____

d. Pourquoi Ugolin ne connaît-il pas Florette ?

_____

_____

_____

e. Pourquoi Anglade pense-t-il que l'héritage a de la valeur ? Les autres sont-ils d'accord ?

_____

_____

_____

f. Quels arguments les hommes avancent-ils pour prouver l'existence de la source ? Que répond le Papet ? Pourquoi s'énerve-t-il à la fin ?

_____

_____

_____

g. Ugolin est-il convaincant ?

_____

_____

_____

B. Observez

a. Décrivez l'intérieur du café.

_____

_____

_____

b. Comment cette scène est-elle éclairée ? D'où la lumière vient-elle ?

_____

_____

_____

c. Comment les hommes sont-ils habillés ?

_____

_____

_____

d. Quelle expression lit-on sur le visage du Papet quand Anglade parle de Florette ?

_____

_____

_____

e. Qu'est-ce qu'Anglade a l'air de penser quand il dit " Tu crois que ça peut se perdre, une source comme celle-là ? " Sait-il que le Papet ment ?

_____

_____

_____

f. Qu'est-ce que le visage du Papet indique quand l'homme au bar parle du figuier ?

_____

_____

_____

g. Qui le Papet regarde-t-il à la fin de la scène ? Pourquoi ?

_____

_____

_____

C. Cette scène dans l'histoire

a. Qui est le personnage central dans cette scène ?

_____

_____

_____

b. Qu'est-ce que cette scène nous apprend ?
   - Qu'est-ce que les villageois savent ?
   - Comment le Papet se comporte-t-il ?
   - L'opinion d'Ugolin est-elle importante ?

_____

_____

_____

D. Langue

1. Synonymes

Ecoutez attentivement les dialogues de l'extrait et trouvez les synonymes des expressions suivantes (entre parenthèses) :

    a. « _____ (donc) tu dois avoir droit à quelque chose »

    b. « je suis _____ (rentré) un an après »

    c. « elle hérite de _____ » (presque rien)

    d. « je ne suis pas _____ » (d'accord)

    e. « oui, mais c'est un _____ (lieu) que la pluie ne veut pas connaître »

    f. « tu _____ (étais sûrement) bien petit alors »

    g. « c'était _____ (certainement) après un orage »

2. L'expression du temps

Dans ce passage il y a beaucoup d'adverbes et d'expressions de temps :

    avant ◆ quand ◆ aujourd'hui ◆ puis ◆ un an après ◆ jamais
    encore ◆ l'année dernière ◆ il y a 30 ans

Remplissez les blancs avec l'une de ces expressions :

    a. _____ Manon a vu les deux hommes déboucher la source, elle est partie en courant.

    b. Le Papet habitait déjà dans cette maison _____.

    c. Au début Ugolin n'aimait pas Jean mais _____ c'est son ami.

    d. _____ Ugolin était au service militaire.

    e. Manon n'oubliera _____ son père.

    f. Est-ce que Pique-Bouffigue est _____ vivant ? Non, il vient de mourir.

    g. Quand Jean s'est installé dans les collines il ne savait pas qu'_____ il souffrirait de la sécheresse.

    h. _____ de rentrer chez lui Ugolin a acheté des œillets.

    i. Le Papet a réfléchi, _____ il a aidé Ugolin à boucher la source.

3. L'argumentation

Dans cet extrait, les personnages expliquent leurs points de vue de façon très argumentée.
Pour cela, ils utilisent des expressions :

de cause (parce que, puisque) ◆ de conséquence (alors, par conséquent)
de but (pour) ◆ de concession (mais, même si, pourtant).

Remplissez les blancs avec l'une de ces expressions :

a. Jean a acheté des outils _____ cultiver la terre.

b. _____ Florette est morte, Jean hérite de la ferme.

c. Il ne pleut jamais, _____ les légumes ne poussent pas.

d. Manon n'aime pas Ugolin _____ il est laid.

e. Jean va construire un puits _____ Aimée n'est pas d'accord.

f. Ugolin n'est pas cultivé, _____ il ne comprend pas ce que Jean lui raconte.

g. Florette était belle, _____ elle a donné naissance à un petit bossu.

h. Le Papet est intelligent, _____ il est froid et calculateur.

E. Comparaison avec d'autres scènes

Comparez cette scène avec les trois autres ayant aussi lieu au café:

1. « les pois chiches » (de 51 mn 19 sec à 52 mn 24 sec)

    a. De qui les villageois parlent-ils ?

    b. Quel est le ton général de la scène ?

_____

_____

_____

_____

2. « le mulet » (de 1h 23 mn 11 sec à 1h 24 mn 41 sec)

    a. De quoi les villageois parlent-ils ?

    b. Pourquoi le Papet et Ugolin ne sont-ils pas d'accord ?

_____

_____

_____

_____

3. « la source » (de 1h 36 mn 34 sec à 1h 37 mn 13 sec)

    a. Qui est absent de cette scène ?

    b. Qu'est-ce que les villageois ne comprennent pas ?

_____

_____

_____

_____

F. Sketch

Imaginez que cette scène ait été interrompue par l'arrivée de Jean de Florette. Il se présente, et vante les intérêts de la campagne, de la maison et de ses projets. Ecrivez et jouez le dialogue. N'oubliez pas qu'en se présentant il va mentionner sa mère. Comment le Papet va-t-il réagir ? Quelle attitude les villageois vont-ils adopter ?

_____

_____

_____

_____

_____

_____

_____

_____

_____

_____

_____

_____

_____

_____

_____

_____

_____

_____

_____

_____

7. Lecture

Le passage suivant est extrait de *Jean de Florette*. Après avoir présenté les personnages importants du village, Marcel Pagnol fait le portrait du Papet, César Soubeyran.

César Soubeyran approchait de la soixantaine. Ses cheveux, rudes et drus[1], étaient d'un blanc jaunâtre strié[2] de quelques fils roux; de noires pattes d'araignées sortaient de ses narines[3] pour s'accrocher[4] à l'épaisse moustache grise, et ses paroles sifflotaient[5] entre des incisives verdâtres[6] que l'arthrite avait allongées[7].

Il était encore robuste, mais souvent martyrisé par «les douleurs[8]», c'est-à-dire par un rhumatisme qui chauffait cruellement sa jambe droite; il soutenait[9] alors sa marche en s'appuyant[10] sur une canne[11] à poignée recourbée, et se livrait[12] aux travaux des champs à quatre pattes[13], ou assis sur un petit escabeau[14].

Comme Philoxène[15], mais depuis plus longtemps, il avait sa part de gloire militaire. À la suite d'une violente querelle[16] de famille—et peut-être aussi, disait-on, à cause d'un chagrin d'amour[17]—, il s'était engagé[18] dans les zouaves, et il avait fait la dernière campagne d'Afrique, dans l'extrême Sud. Deux fois blessé, il en était revenu, vers 1882, avec une pension, et la médaille militaire, dont le glorieux ruban ornait son veston[19] des dimanches.

Il avait été beau jadis[20], et ses yeux—restés noirs et profonds—avaient tourné la tête à bien des[21] filles du village, et même d'ailleurs…Maintenant, on l'appelait le Papet.

Le Papet, d'ordinaire, c'est le grand-père: Or[22], César Soubeyran ne s'était jamais marié, mais il devait ce titre au fait qu'il était le plus vieux survivant de la famille, en somme un *pater familias*[23], détenteur[24] du nom et de l'autorité souveraine.

1 thick and rough
2 streaked with

3 nostrils   4 to cling to

5 whistled   6 greenish front teeth   7 had made longer

8 pains

9 supported

10 leaning on   11 a walking stick with a curved handle
12 worked in the fields on his hands and knees   13 on all fours
14 stool   15 another man in the village

16 family feud

17 unhappy love affair
18 he had joined

19 jacket

20 long ago

21 quite a few

22 and yet

23 patriarch (Latin expression)
24 keeper of

1. Qu'est-ce que ce passage nous apprend sur le Papet (son âge, son physique, son état de santé, sa situation familiale)?

    _____

    _____

    _____

    _____

2. Qu'a-t-il fait dans sa jeunesse?

    _____

    _____

    _____

    _____

3. Qu'est-ce qui est mentionné sur ses amours? Pourquoi est-ce important de mentionner ces deux détails dès le début?

    _____

    _____

    _____

    _____

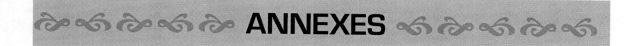

ANNEXES

VOCABULAIRE DU CINEMA

"le septième art": *le cinéma*

Les films:
un film: *a movie*
une comédie: *a comedy*
un drame: *a drama*
un (film) policier: *a detective movie*
un film d'aventures: *an adventure film*
un film de cape et d'épée: *a swashbuckler*
un film d'action: *an action movie*
un film à suspense: *a thriller*
un film d'épouvante: *a horror movie*
un western: *a Western*
un film de science fiction: *a science fiction movie*
un documentaire: *a documentary*
un dessin animé: *a cartoon*
un film muet: *a silent film*
un film à succès: *a box office hit*
un échec: *a flop*

L'équipe:
un(e) réalisateur (-trice): *a director*
un metteur en scène: *a director*
un(e) producteur (-trice): *a producer*
un(e) scénariste: *a screenwriter*
un distributeur: *a distributor*
tourner un film: *to shoot a film*
produire un film: *to produce a film*
un scénario: *a screenplay*

Les acteurs:
un(e) acteur (-trice): *an actor / actress*
une vedette: *a star*
un rôle: *a role*
un rôle principal: *a starring role*
un second rôle: *a supporting actor*
un personnage: *a character*
un héros: *a hero*
une héroïne: *a heroine*

La technique:
la caméra: *the camera*
un zoom: *a zoom lens*
une scène: *a scene*
un gros plan: *a close-up*
un plan d'ensemble: *a long shot*
un travelling: *a tracking shot*
un costume: *a costume*
le maquillage: *make-up*
les accessoires: *props*
une bobine: *a reel*
le son: *the sound*
le bruitage: *the sound effects*
la voix off: *the voice over*
une musique de film: *a score*
une bande sonore: *a soundtrack*
les effets spéciaux: *special effects*
le générique: *the credits*
le montage: *editing*
les sous-titres: *the subtitles*
doubler: *to dub*
en version originale = en v.o.: *in the original language*
la bande-annonce: *the trailer*

Le cinéma:
un cinéma: *a movie theater*
aller au cinéma: *to go to the movies*
passer un film: *to show a movie*
l'écran: *the screen*
un siège: *a seat*
regarder un film: *to watch a movie*
un cinéphile: *a movie buff*

Les festivals de cinéma:
la première: *the opening night*
une récompense: *an award*
un(e) nominé(e): *a nominee*

La vidéo:
un magasin de location vidéo: *a video store*
une cassette vidéo: *a video (cassette)*
un DVD: *a DVD*
louer: *to rent*
rapporter: *to return*
un magnétoscope: *a VCR*
un lecteur DVD : *a DVD player*
une télécommande: *a remote control*
réembobiner: *to rewind*
accélérer: *to fast-forward*

Le Festival de Cannes: Il a lieu tous les ans en mai depuis 1939. Le prix principal est la Palme d'or.

Les César: L'Académie des arts et techniques du cinéma décerne les César chaque année depuis 1976. Cette distinction est comparable, en France, aux Oscars américains. Le nom de ce prix vient du sculpteur César qui a réalisé les statuettes remises aux vainqueurs (c'est la raison pour laquelle le mot ne se met jamais au pluriel).

Le Prix Lumière: Ce prix est décerné par 200 correspondants de la presse étrangère. Les frères Lumière étaient des pionniers du cinéma à la fin du XIXe siècle.

Le Prix Méliès: Il est décerné par le Syndicat français de la critique de cinéma et récompense le meilleur film français de l'année. Georges Méliès était un cinéaste au début du siècle.

Le Prix Louis-Delluc: Ce prix (décerné tous les ans depuis 1937) couronne le meilleur film français de l'année. Louis Delluc (1890-1924) était un cinéaste et est considéré comme le fondateur de la critique cinématographique.

L'Académie Nationale du Cinéma: elle a été créée en 1982 et compte 40 membres (tous des personnalités du cinéma) qui décernent leur prix chaque année.

COMMENT EXPRIMER VOTRE OPINION

je pense que : *I think that*
je crois que : *I believe that*
je trouve que : *I find that*
j'estime que : *I consider that*
je suppose que : *I suppose that*
il me semble que : *it seems to me that*

j'aime : *I like*
j'adore : *I love*
je déteste : *I hate*
je préfère : *I prefer*
cela m'est égal : *I don't mind*

à mon avis : *in my opinion*
je suis d'avis que : *I am of the opinion that*
je suis du même avis que : *I am of the same opinion as*
je partage l'opinion de : *I agree with*
je partage le point de vue de (quelqu'un) : *I share (someone)'s point of view*
je suis d'accord avec : *I agree with*
je ne suis pas d'accord avec : *I disagree with*
j'ai changé d'avis : *I changed my mind*

en ce qui me concerne : *as far as I am concerned*
j'ai l'impression que : *I am under the impression that*
j'ai dans l'idée que : *I have an idea that*
je suis persuadé(e) que : *I am convinced that*
je suis convaincu(e) que : *I am convinced that*
je doute que : *I doubt whether*
je mets en doute : *I question*
cela me fait penser à : *this reminds me of*
cela me rappelle : *this reminds me of*

 **CREDITS**

Text :
Marcel Pagnol, excerpt from *Jean de Florette* © Edition Bernard de Fallois,
  marcel-pagnol.com
Photos :
Jean de Florette - © Pathé Renn Productions

Notes personnelles

Notes personnelles

Notes personnelles